「マリア先生は宇宙人？」

—— 文・高橋秀雄／田中ひろし　絵・荒賀賢二

早川マリア先生は、
「先生って、もしかして
宇宙人だったりして！」
と、いわれる理科の先生。ときどきおかしなこと
をいうからだ。でも、そこがおもしろくて、
子どもたちには、大人気。

この前は、『スマホを捨てたい子どもたち』っていう本について話してくれた。
ゴリラの研究で世界的に有名な、先生の尊敬する研究者が書いた本だそうだ。
みんな、スマホをほしがっていたけれど、
先生の話を聞いて、気持ちがかわったみたい。
「ぼく、いらない」
「わたしも買ってって、いわない」と。

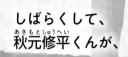

しばらくして、
秋元修平くんが、

先生は、
地球調査のために来た
宇宙人だよ、
ぼく確信した！

と、いいだしたんだ。

みんなの血液型ノート

なんでか聞いてみたら、修平くんは、
みんなの血液型が書いてある
先生のノートを偶然見てしまったんだという。
自分のはあっていたから、みんなにも聞いてみたら、
ぜ〜んぶ当たっていたんだ、と。

先生にどうやって調べたのか聞いたら、
「ひ・み・つ」と、いわれたらしい。
血液型は性格でわかるなんていう人もいるけど、
修平くんもぼくも、そんなの都市伝説だと思っていたのに。

そういえば、マリア先生から『赤ちゃんだったときのことを覚えている?』と、聞かれたことがあった。

ゴリラや人類は、二足歩行が特徴ですね。でも、人間の赤ちゃんはハイハイ、つまり四足歩行です。じゃあみんなは、いつ二足歩行しはじめたか教えて。

と、マリア先生。

そんなの覚えてっこない!

先生の質問が終わらないうちに、みんなは口ぐちにいっていた。

そんなの錯覚だよ。

ぼくは、1歳になった日に歩きだした記憶があります。

するとみんなは、

家族の人がいっていたのを聞いているうちに、そう思うようになったんだよ。

ところが、いつも静かな荒木壮くんが手をあげたんだ。

などなど、壮くんの話を信じていないようだった。すると、マリア先生がいった。

わたしは、お母さんのおなかのなかにいたときのことをぼんやりと覚えていますよ。

そんなこともあって、「マリア先生は宇宙人」だと、修平くんは、確信をもつようになったんだって。

3

「マリア先生宇宙人説」は、
修平くんからみんなに広まった。
きっかけは、こうだった。

今日は、みんなに
やってもらいたいことが
あります。

わたしは、
宇宙人です。
人間がどんな動物なのかを、
地球に調べにきました。
みんなに、人間とほかの動物、とくに
よくにたゴリラとのちがいを
考えてほしいのです。

先生はこういって、
人類の進化の授業を
はじめたのだ。

みんなは、口ぐちに、

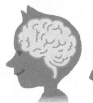

火をつかう。

脳が大きい！

人間は、
ゴリラなどと比べて
言葉をしゃべる！

手が２本、
それぞれに指が５本、
２本の足で
歩く……。

そのときだった。
マリア先生が、どや顔をしていったのは。

ねえ、みんな、
それらが、人間とほかの
動物とのちがいだとしましょ。
いいかえると、二足歩行などが、
人間の条件だと
いうことになりますね。

そうです。そうした条件をみたしている
動物が、人間だということになります。
逆にいうと、言葉をしゃべらなかったり、
二足歩行でなかったりすると、
人間ではないのでしょうか？

人間の条件？

教室がしずかになってしまった。
みんな、なにかを思いだした
みたいだった。

今日の夜、東京パラリンピック2020の閉会式がおこなわれる。
夏休みの終わりごろから、みんなパラリンピックをテレビで見ていた。
だから、二足歩行ではない車いすの選手や、手足がない選手、
いろいろな障がいのある選手を、目にしたばかりなのだ。それで、
マリア先生が発した「人間ではないのでしょうか？」の問いを聞いてしずかになってしまったのだ。

次の日、朝からクラスでは、
「テニス、すごかった」
「走るのも！」「とぶのも！」と、
パラリンピックの話で
みんなもりあがっていた。
ぼくは、先生が他人ごとみたいに
いった言葉がよみがえった。

『二足歩行でないのは、
人間ではないので
しょうか？』

ぼくは、

二足歩行
じゃない人のことを、
障がい者っていうのは、
どうしてなんですか。

と、マリア先生に聞いた。
その瞬間、マリア先生の目が
光ったように見えた気がする。

早川マリア先生は、
宇宙人ではなかった。
おかしなことをいうのは、みんなに
自分の頭で考えてもらうため。
でも、そんな先生は、
人間には人権があるけれど、
ゴリラには、ゴリラ権があると、
また、ふしぎなことをいっている。
マリア先生は、『人生で大事なことは
みんなゴリラから教わった』という
本を読んだんだって。

※『スマホを捨てたい子どもたち』（山極寿一著／ポプラ社）、『人生で大事なことはみんなゴリラから教わった』（山極寿一著／家の光協会）

はじめに

「マリア先生は宇宙人？」というお話をどう感じましたか？　主題はなんだと思いましたか？

お話のなかで、「言葉をしゃべらなかったり、二足歩行でなかったりすると、人間ではないのでしょうか？」と、マリア先生が子どもたちにたずねます。すると、みんなは、なにかを思いだします。そうです。パラリンピックの「二足歩行ではない車いすの選手や、手足がない選手、いろいろな障がいのある選手」たちのようすです。

じつは、ぼくたちは、このお話をとおして次のようなことを読者のみなさんといっしょに考えてみたいと思ったのです。

・そもそも「障害者」とは、どういう人？

・障害者と健常者とは、どうちがうのか

・目に見える障害と一見ではわからない障害

・障害のある人もない人もいっしょの社会

もとより「人権」とは、「自分らしく生きる権利」のことだといわれています。でも、「障害者らしく生きる」というとおかしな感じになります。そのため、あらかじめ「健常者と同じように」という言葉をつけておきます。もっといえば「すべての人と同じように」！

どういうことでしょうか？　その答えは、みなさんといっしょに考えていきたいと思いますが、ここでは、「障害者基本法」という障害者の人権に関係する法律に、「基本的理念として全ての国民が障害の有無にかかわらず基本的人権を有する個人として尊重される」「何人も、障害者に対して、障害を理由として差別してはならない」と定められていることを確認しておきます。

近年、学校でも人権学習がさかんにおこなわれています。そこでぼくたちは、みなさんの人権学習を少しでも応援したいという願いから、このシリーズをつくりました。

①そもそも人権って、なに？　　無視じゃない！

②子どもにだって人権はある！　　ぼくもヤングケアラー？

③考えよう！ 障がい者の人権　　マリア先生は宇宙人？

④年をとると人権が少なくなるの？　　オムツなんていやですからね

⑤女性の人権問題とは？　　人権問題？ おおげさじゃないの？

⑥外国人の人権って？　　「外国人」って、だれのこと？

それでは、この6巻で、人権についてしっかり学んでいきましょう。

子どもジャーナリスト
Journalist for Children　稲葉茂勝

もくじ

1 そもそも「障害者」とは?

日本では、「障害者」を「身体障害、知的障害、精神障害（発達障害をふくむ）があるため、継続的に日常生活または社会生活に相当な制限を受ける者」と、法律で定義しています。どのような法律なのでしょうか。

「障害」「障碍」「障がい」

みなさんは「障害」「障碍」「障がい」のどれがいちばんなじみがある書き方ですか？　また、つかっていますか？

以前は「障害」と書くのがふつうでしたが、最近は、「害」を「がい」とひらがなで書くことが多くなっています。なぜなら、「害」という漢字には、「公害」や「害虫」のように「害がある」の意味があるため、障害者に対し不適切だと考えられるようになったからです。また、その後、昔つかわれていた「害」と同じ意味をもつ漢字「碍」をつかう人が出てきました。ところが、「碍」が常用漢字にないなどの理由から、反対意見が出されました。

こうしたなか、国までが2009年、障がい者制度改革推進本部というところで「法令等における『障害』の表記の在り方に関する検討等をおこなう」ことを決め、その後、何度も議論されてきたのです。

でも、決着はつきません。「碍」を常用漢字へ追加することを検討する必要があるとしながらも、当面は「障害」という表記を用いることになりました。そのため、国が定める正式な文章では、「障害」と漢字2文字の表記が用いられています。

障害者基本法の役割

上の見出しにある障害者の定義のほか、「人はだれでも、心身に障害がある人もない人も、みんな同じように自分らしく生きることができる権利をもっている」「障害者が社会で自立して生きていくのを支援することを目的としてつくられた」といったことを示したのが、「障害者基本法 (→p30)」です。

「自立」とは、ほかの人などにたよることなく、自分ひとりでいられる・生活できる状態のことをいいます。

「障害者基本法」では、「人びとは、おたがいがその個性をみとめ尊重し、自分がくらしている地域の一員として生きていく」ことを可能にするために、「国や地方自治体には、障害者を支援する義務がある」ことが定められ、国や地方自治体のするべき仕事があきらかにされました。

ということで、この本では、巻頭の絵本をのぞき、「障害」と書くことにするね。

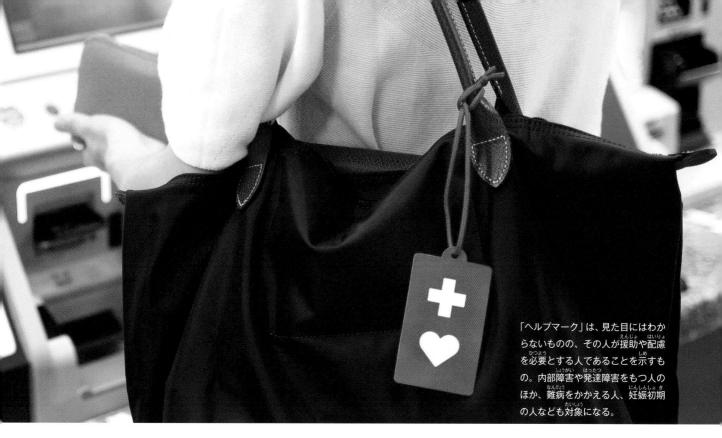

「ヘルプマーク」は、見た目にはわからないものの、その人が援助や配慮を必要とする人であることを示すもの。内部障害や発達障害をもつ人のほか、難病をかかえる人、妊娠初期の人なども対象になる。

 ## 障害の種類

ここでは、4つの障害について見てみましょう。

●身体障害

生まれつき（先天的）、または、生まれてから（後天的）、身体の機能の一部に障害が発生する状態のこと。日本国内における身体障害者は、およそ436万人（2018年）と推定されている。身体障害は、大きく5種に分類される。

・視覚障害：視覚系（眼球、視神経、大脳視中枢など）のどこかに障害があるために見ることが不自由か、見えない状態。見え方には一人ひとり差異があり、視力が低いか視野がせまい（弱視）、光を感じない（全盲）などの状態がある。

・聴覚障害：外部の音声を大脳に送るための外耳・中耳・内耳・聴神経などのどこかに障害があるために、音を聞くことが不自由だったり、聞こえない状態。聞こえ方は一人ひとり異なる。聞きとりづらかったり、音は聞きとれるが内容が聞きわけにくかったり、音や声がほとんど聞きとれないなどさまざまである。

・音声機能障害：咽頭、発声筋などの音声を発する器官の障害により、音声のみを用いた意思疎通ができない、または、音声をまったく発することができない状態。

・内部障害：内臓の機能が低下している状態のこと。「内部障害」とは内臓機能障害の総称で、「心臓機能障害」「腎臓機能障害」「呼吸器機能障害」などがある。外見からは見えにくい障害のため、周囲からの理解を得にくい。

・肢体不自由：医学的には先天的か後天的かを問わず、四肢の麻痺や欠損、体幹機能に永続的な障害がある状態のこと。身体障害のなかでも、いちばん多い障害。

●知的障害

発達期（18歳未満）までに生じた知的機能の障害により、認知能力（理解・判断・思考・記憶・知覚）が同年齢の人と比べてあきらかにおくれている状態をさす。おくれている程度によって、最重度・重度・中等度・軽度にわけられている。

●精神障害

身体障害に比べて研究が進んでいないため、障害のよび名や診断基準が統一されていない。よくあるのが「人格障害（人格がいちじるしくかたより、社会生活に支障が出る状態のこと）」「物質依存症（アルコール、ドラッグなど特定のものに依存する状態のこと）」「統合失調症（思考、知覚、感情などがひずみ、幻覚や妄想などの症状が出る状態のこと）」など。

●発達障害

行動や認知の特性によって、一般に、自閉スペクトラム症（ASD）、注意欠如・多動症（ADHD）、学習障害（LD）などに分類される（→p16〜17）。チック症（→p30）や吃音（→p30）をふくむこともある。

2 「障害者」の反対の言葉

「障害者」の反対語は「健常者」といわれていますが、「健常」とはどういうことでしょうか。ふたつの漢字から考えれば、「常に健やか」ということになるのですが……。

健常者と障害者のちがい

「健常者」とは、「心身ともに病気や障害がなく、日常生活が問題なくできる人」のことです。それでは、「障害者」は「健康でない」というのでしょうか？

もちろん、そうではありません。そのため、障害者に対する言葉として「健常者」を使用することに反対する人たちがいます。

じつは、健常者と障害者のちがいというのは、一言でいうと「日常生活をおくるうえで、障害があるか・ないかのちがい」。ということは、「障害者は障害があって、健常者は障害がない」ということでしょうか。いや、そうでもありません。

なぜなら健常者も、けがをしたり、年をとってきたりすれば、障害がまったくないというわけにはいかないからです。

そう考えると「健常者」は、「障害者よりも障害が少ない」「障害者よりもできることが多い」という感じでよいのではないでしょうか。

> でも、障害者が健常者よりもうまくできることもあるよね。車いすに乗るとか、ものすごく耳がいいとか。芸術分野など、あることがらについて健常者よりはるかにすごい能力を発揮する人もいるよね。いろいろな人がいるよ。

ロンドンパラリンピック競技大会（2012年）の車いすマラソンで競う選手たち。競技用車いすをたくみに動かし、カーブの多いむずかしいコースをかけぬけた。

健常者と障害者とは、人数がちがう

健常者と障害者とでちがうことのひとつに、人数がちがうことがあげられます。

健常者は、障害者に比べて圧倒的に人数が多く、そのため社会で「多数派（マジョリティ）」となっています。一方、障害者は「少数派（マイノリティ）」です。

ふつう多数派は、少数派よりも力をもっているため、多数派が少数派を無視したり、少数派が差別されたりすることが起こります。

これが、障害者の人権がおかされている背景にあるんだね。

しかし、「マジョリティ」か「マイノリティ」かについて、これまでは数の「多・少」だけでわけられてきましたが、近年では、「強・弱」が注目されています。すなわち、多数派であっても社会的な力がない場合は、「マジョリティ」とはいわず、社会的に力があれば、少数派も「マイノリティ」ではないと考えられるようになったのです。

そうしたなか、障害のない多数の人たちも、障害のある少数の人たちも、「マジョリティ」「マイノリティ」などとわけるのではなく、ともに社会をつくっていくべきだ（その状態を「インクルーシブ」とよぶ）と考えられるようになってきました。

そして、そうした社会を「ダイバーシティ」といっています。

「インクルーシブ」とは、社会のなかに包みこむ（排除しない）こと。これからは、いっそう障害者を排除しないことが重要になるんだ。

もっとくわしく

インクルーシブ

「インクルーシブ」は、「包摂的」と訳され、「ある範囲のなかに包みこむこと」といった意味でつかわれている。「包摂」の反対の言葉は、「排除」。「排除しないこと」が、インクルーシブである。

もっとくわしく

ダイバーシティ

「ダイバーシティ」は、英語の Diversity からきた言葉で、「多様性」という意味。社会がダイバーシティであれば、健常者も障害者も包摂されて、いっしょにくらせることになる。

一見ではわからない障害

障害には、一見して障害者だとわかる場合もあれば、
わからない場合もあります。
身体障害(→p11)はわかることが多いですが、身体障害者の
なかでも、聴覚障害者は一見ではわかりません。

ぼくが聴覚障害者について書いた絵本を読んで、一見ではわからない障害について考えてみてね。

……………… 絵本『しらんぷりじゃない』………………

❶

あぶな〜い。
よけてくださーい。

❷

ごめんなさい。
ごめんなさい。
だいじょうぶ
ですか?

ほんとうに
ごめんなさい。

❸

あんなに
あやまったのに
しらんぷりしていっちゃうなんて。
「あぶない」って
しらせたのに……。

❹ とうきょうゆき れっしゃは こしょうの ため
しばらく とうちゃくしません。
バスを ごりよう ください。

❺

あっ
あのときのひとだ。
なんでひとりで
たっているんだろう？

❻

このまえは
ごめんなさい。

❼

そうだったのか。
しらんぷりじゃ　なかったんだ。
みみの　きこえない　ひとは
みかけだけじゃ　まったく　わかんないんだ。

❽

そういえば　あのひと
手話で　みんなに　なにかいってたみたい。

❾

これだけ
おぼえて
ください。

「協力して　ください」

耳の不自由な人、何だと思う？
手話です。

あっ　そうだ。
テレビでみたことあるよ。
あの手話。

❿

ほんとに　「きょうりょくして　ください」だけでも
みんながしっていれば、さっきみたいなときに
みみのきこえないひとにも　もっとはやく
ようすが　わかるよね。よし手話をおぼえよう！
「きょうりょくして　ください」って手話で
いわれても　しらんぷりしないですむように。

出典：『絵本式　手話　基礎のキソ　しらんぷりじゃない』（今人舎）

発達障害

3

近年、かつて「発達障害」とよばれていたことが、神経や脳の
ちがいによる「個性」だといわれるようになっています。ここでは、
そうした「発達障害」についてまとめてみましょう。

「発達障害」の種類

「発達障害」には、自閉スペクトラム症（ASD）や注意欠如・多動症（ADHD）、学習障害（LD）など、いろいろな種類があります。近年では、「障害」ではなく、「神経や脳のちがいによるその人の個性」だといわれることが多くなりました。

たとえば、ADHDの人は、その程度によって障害とされる場合もありますが、程度が軽い場合、その人の性格（個性）と見るのがいいといわれることも多いようです。

> みなさんのまわりには、落ち着きがないと、
> よくいわれる人がいるのではないかな？
> その多くは、性格によるものみたいだね。
> だから、それをADHDとしたり、
> まして「障害」などというのはどうかな？
> なかには、発達障害にあたる人も
> いるかもしれないね。
> でも、大切なことは、個性か障害かで
> わけるのではなく、インクルーシブであるべき！
> このことを、もう一度13ページを読んで
> 考えてみてほしいな。

「ちがい」は「能力」

発達障害がある人は、健常者とちがう・異なる面があるのは事実です。でも、そのちがいが、ひときわすぐれた能力として評価されることがあるのです。たとえば、ASDの人は、長時間なにかに集中することができます。しかも集中力が非常に高い！　だから、その能力が、勉強やスポーツ、研究などに向かった場合、ある分野で大きな成果をあげることがあるのです。

科学・技術分野で卓越した業績をあげた人のなかには、アスペルガー症候群の傾向をもつ人が多いともいわれています。

● 発達障害とは

自閉スペクトラム症
ASD*1

注意欠如・多動症
ADHD

学習障害
LD

＊1 自閉スペクトラム症（ASD）は、かつて「自閉症」「アスペルガー症候群」「広汎性発達障害」などさまざまな名称が用いられていた。しだいに、これらをひとつの連続体（スペクトラム）ととらえるようになり、現在では自閉スペクトラム症とよばれている。

●自閉スペクトラム症（ASD：Autism Spectrum Disorder）

- 自分の興味のあることばかりを話し、相互的に言葉をやりとりすることがむずかしい。
- 自分の興味のあることなら、何時間でも熱中できる。
- はじめてのことや決まっていたことが変更されることに対応するのが苦手。
- 新たな環境になじむのに時間がかかる。
- 学習課題においても、多様な能力が総合的に求められると対応できないことがある。
- 偏食*2が強い。

●アスペルガー症候群

ASDにふくまれる発達障害のひとつ。

- 言葉を表面的に受けとりやすく、言葉のうらの意味がわかりにくい。
- マイペースな言動が目立つ。
- 相手の気持ちをくみとるのが苦手。
- 気になったことをくりかえし言ったり、聞いたりする。
- 行動がパターン化しやすい。
- 興味・関心にかたよりがある。

画家のフィンセント・ファン・ゴッホ（1853〜1890年）は、アスペルガー症候群だったのではないかといわれている。

●注意欠如・多動症（ADHD：Attention Deficit Hyperactivity Disorder）

- 発達年齢に比べて、注意が持続しにくい。
- 作業にミスが多い。落ち着きがない。
- 待つことができない。

●学習障害（LD：Learning Disabilities）

全般的な知的発達には問題がなく、話したり、理解したりすることはできるのに、「読む」「書く」「計算する」などに困難が生じるという発達障害。一般に、気づかれにくいといわれている。

●ディスレクシア（Dyslexia：読字障害）

LDの一種。ディスレクシアの人は、ヨーロッパ・アメリカで人口の10〜15％、日本では5〜8％といわれているが、はっきりしていない。なぜなら、読み書きに困難があるかどうかは、小学4年生くらいや、英語を読み書きするようになる中学生になるまで、わからないことが多いため。

- 文字がおどる、動く、ねじれるために、どこにどの文字があるかわからない。
- 「た」「な」「に」、「さ」「ち」、「ろ」「る」、「ね」「め」「ぬ」など、読むときも書くときも似た形の字をまちがえる。
- 書きうつすとき、どの文字のどこをうつしていたかがわからなくなる。

●ディスレクシアの人が見る文字のイメージ

> 二足歩行では、車いすの選手や、手がない選手、いろいろな障がいのある選手を、目にしたばかりなのだ。

- 一字ずつひろい読みをする。
- 「おとうさん」など、のばす音がわからない。
- へんとつくりをまちがえる。
- 同じ漢字でもちがう読み方がある漢字が苦手。
- 書き順ででたらめ、鏡文字を書いたりする。

*2 特定の食品に対する好ききらいがはっきりしていて、しかもその程度がはげしい場合をいう。

「性同一性障害」から「性別違和」へ

4

「性同一性障害」という言葉がありますが、今では「性別違和」に変更になっています。また、「性別不合」という言葉もつかわれはじめました。どういうことでしょうか。そもそも「性同一性障害」とは?

「♂」は男性を、「♀」は女性をあらわすマーク。

「違和」とは?

上にある「性別違和」の「違和」ですが、「違和感」という言葉があります。辞書には「調和を失った感じ。他と合わない感じ。しっくりしない感じ」などと書かれています(『精選版 日本国語大辞典』)。「異和感」と書くこともあります。

社会には、からだは男性だけれど女性のようにふるまっている人や、その反対に男性っぽくしている女性もいます。かれらは、生まれついた性と異なる性を感じている人たちです。かんたんにいえば、からだは男性で女性の気持ちをもつ人、女性のからだで男性の感情をもつ人たちです。

男性のからだをしている人が、男性を好きになったり、反対に、からだは女性の人が女性を好きに

なったりします。

そうした人たちのなかには、自分が感じる違和感(性別違和)でなやみ苦しむ人もいるといいます。なかには専門の医師などに相談する人もいます。その結果、かつては「性同一性障害」であるといわれ、自ら「性同一性障害者」だとみとめる人もいました。

しかし、そもそもそうした「性別違和」は、障害なのでしょうか?

近年になって、障害ではないと考えられるようになり、「性同一性障害」という言葉はつかわないようになりました。さらに「違和感」というよりも、からだと気持ちが「合っていない(不合)」のだから、「性別不合」というほうが適切だといわれるようになったのです。

LGBTQ+
（エルジービーティーキュープラス）

最近「LGBTQ+」という言葉を聞くようになりました。その意味を、次のように理解しているという人もふえています。

「LGBTQ+」は、セクシュアルマイノリティ（性的少数者）をまとめてよぶいいかた。かれらを代表する、レズビアン、ゲイ、バイセクシュアル、トランスジェンダー、クエスチョニング／クィアの頭文字をとった言葉に「＋（プラス）」をつけたもの。

L Lesbian：同性を好きになる女性。

G Gay：同性を好きになる男性。

B Bisexual：両方の性を好きになる人。

T Transgender：からだの性と心の性が一致しない人。

Q Questioning：性自認（→p30）や性的指向（→p30）が定まっていない人や、決めようとしない人。

Queer：どのセクシュアリティ（性のあり方）にも当てはまらない人。

＋ 代表的な５つのほかにもまだまだたくさんのセクシュアリティがあることをあらわす。

でも、「自分のまわりにはそういう人はいないと思う」という人が多いのではないでしょうか。

これまでの日本では、そういう人は、ひとりでなやみ苦しんでいるだけで、性別違和について語ることなどできなかったといいます。ところが、最近では、自分が「性別違和」を感じていると、堂どうと語れる社会になりつつあります。

LGBTQ+の人たちは、性別などにとらわれることなく、一人ひとりの個性を尊重し、だれもが個性と能力を発揮できる社会にしていきたいと願っているといいます。

もとより、社会の多様性をみとめようとするのが「ダイバーシティ（→p13）」なのです。

> 障害者の人権がテーマのこの本で、なぜ、LGBTQ+について書いたのか？
> その理由は、左ページで見たように、LGBTQ+の人たちが感じる性別違和は、以前、「障害」と考えられていたからなんだ。かれらは、性の多様性をみとめあい、だれもが自分らしくありたいと願っているというよ。
> だから、LGBTQ+の人たちの気持ちによりそうことこそ、この本にはふさわしいと考えたんだ。

もっとくわしく
性同一性障害者の性別の取扱いの特例に関する法律

2003年につくられたこの法律は、複数の医師による専門的診断のもとで性別の変更が可能になるなど、性別の取りあつかいに関して定めたもの。しかし、ダイバーシティ（→p13）にしても、障害者と健常者を包摂するインクルーシブ（→p13）にしても、実現には多くの困難がある。

2022年６月、ポーランドで、LGBTQ+の権利を求めてパレードする人びと。６月は性の多様性への理解をうながす「プライド月間」とされ、世界各地でイベントがおこなわれている。

5 障害を理由とする偏見・差別

ダイバーシティ（→p13）を目指す日本ですが、現実には、障害のある人に対する偏見や差別がまだまだあります。人権問題に発展することもあるのです。どういうことでしょうか。

ひどい現実

「偏見」とは、「偏ったものの見方や考え方」のこと。「思いこみ」や「決めつけ」といいかえることもできます。学歴によって人を評価したり、障害者の役割を制限したりすることがその例です。

じつは、こうした「偏見」が、言葉や行動にあらわれるのが、「差別」です。

障害があるからといってわけへだてをすることは、差別につながるおそれがあります。

次は、障害者に対する偏見・差別の例です。

• タクシーなどへの車いすでの乗車を拒否される。
• 店舗でのサービス等を拒否される。
• アパートへの入居を拒否される。
• 電車の一般席に着座したら、障害者は優先座席にすわれといわれる。
• 見た目では健常者に見えるので、多目的トイレや優先座席を使用する際、変な目で見られる。

• LD（→p17）を理解されず、職場で暴言をはかれる。
• ささいな失敗が多いことなどが、障害によるものだということが理解されない。
• 精神疾患を公開して雇用されているにもかかわらず、配慮されずにパワハラ（→p30）・モラハラ（→p30）にあう。

なお、障害者を対象にしたあるアンケートの結果、日常生活で「差別や偏見を受けた」と感じている人が6割近くいたといいます。

●日常生活において、差別や偏見を受けたと感じる場面がありますか。

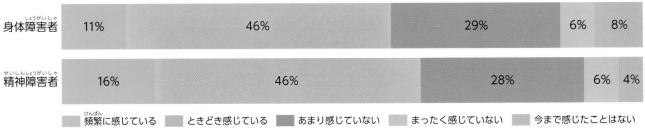

	頻繁に感じている	ときどき感じている	あまり感じていない	まったく感じていない	今まで感じたことはない
身体障害者	11%	46%	29%	6%	8%
精神障害者	16%	46%	28%	6%	4%

出典：障がい者総合研究所「障がい者に対する差別・偏見に関する調査（2017年）」（https://www.gp-sri.jp/report/detail031.html）

👥 国の取りくみ

今から約30年前の1993年に、総理府の障害者対策推進本部（現在の内閣府の障害者施策推進本部）は、「障害者対策に関する新長期計画〜全員参加の社会づくりをめざして〜（→p30）」を発表しました。その２年後に実施された「障害者プラン〜ノーマライゼーション７か年戦略〜」のもとで、「障害のある人も地域のなかでふつうのくらしができる社会」をめざし、障害者施策を進めてきました。

「ノーマライゼーション」とは、「正常（ノーマル）」な社会を実現する取りくみのこと。正常（ノーマル）は、高齢者や障害者などを排除するのではなく（インクルーシブ→p13）、健常者と同等に当たり前に生活できるような社会（ダイバーシティ→p13）をさす言葉です。

しかし、障害者に対する理解や配慮がいまだじゅうぶんとはいえず、障害者の自立と社会参加がむずかしくなっています。

このようななか、2004年に「障害者基本法（→p30）」が改正され、障害を理由とする差別禁止の理念が法律に明記されました。

また、それまで12月９日だった「障害者の日」が12月３日から９日までの「障害者週間」に拡大され、「障害の有無にかかわらず、国民誰もが相互に人格と個性を尊重し、『共生社会』の理念の普及を図るための多彩な行事」が、集中的に開催されるようになりました。

2011年には、障害者が、あらゆる分野においてわけへだてられることのない社会の実現を新たに規定した「障害者基本法」の改正がおこなわれました。

翌2012年10月に施行された「障害者虐待の防止、障害者の養護者に対する支援等に関する法律」にもとづき、障害者に対する虐待の防止や早期発見、早期対応のための施策が進められているほか、2021年５月には、「障害を理由とする差別の解消の推進に関する法律（→p30）」の改正（2024年４月１日施行）がおこなわれました。

北海道札幌市にある「元気ショップ いこ〜る」では、道内の障害者施設や作業所でつくられた手づくり品の販売をとおして、障害者の自立を支援するとともに、障害者の活動への理解をうながしている。

日本と世界のまちのバリアフリー

6

まちには、じつにさまざまな人がくらしています。多くの人にとってなんでもないことも、高齢者や障害者にとっては、とても不便なことがあります。たとえば道路の段差。車いすでの移動は大変です。

バリアとバリアフリー

「バリア」とは、身のまわりにある、人によっては非常に不便と感じる「障壁」のこと。「障壁＝バリア」です。このバリアを取りのぞいてしまおうというのが、「バリアフリー」です。

たとえば、車いすでも容易に移動できるようにスロープをつけたり、視覚障害者が安全に歩けるようにするための工夫（点字ブロックなど）をしたりするのが、「バリアフリー」です。

この言葉は、もともとは建築分野でつかわれていたものでしたが、使用範囲が拡大され、今では交通、くらし、日常の移動などさまざまな分野で広くつかわれるようになりました。

バリアは、次の4つに分類されることがあります。

・**移動にかかわるバリア**：高齢者や障害者が移動するときに出くわす、いろいろなバリアのこと。たとえば、路上に放置された自転車、階段、せまい通路、ホームと電車のすきまや段差、すわったままではとどかない位置にあるものなど。健常者と同じように容易に目的地に到着できるようにするために、電車やバスの優先座席や、車いすが通れる自動改札機、道路・駅構内の点字ブロックなどを設置するのが、移動にかかわるバリアフリーである。

・**制度にかかわるバリア**：社会制度によって、障害者がその人の能力を発揮する機会がうばわれた状態。たとえば、学校の入試、就職や資格試験などにおいて、障害があることを理由に受験などができないこと。

・**情報にかかわるバリア**：高齢者、障害者、外国人など、すべての人が必要な情報を得られる状態にないこと。その人にあった手段・方法で、情報を伝えることが重要である。

・**意識にかかわるバリア**：周囲からの心ない言葉、偏見や差別、無関心などにより、障害のある人を受けいれない状態のこと。

近年、車いすの人が補助なしで乗車できるように、電車とホームのすきまをせまくした駅がふえてきている。

イギリス・ロンドンの路線バスはすべてスロープ付きで、かつ低床車両になっている。

 ## 世界のバリアフリー

もともとバリアフリーはヨーロッパではじまり、北アメリカ、アジアなどへと広がっていきました。

「福祉先進国」といわれるスウェーデンでは、はやくから、まちなかを走るバスを、高齢者や小さい子どもが乗りおりしやすいように低床にしたり、乗降口にスロープを設置したり、住宅街や商店街に入るところは、道路と歩道の段差がなくなるようにしたり……。古い建てものの改修工事をする際には、外観をかえないように、スロープは裏口に設置されました。

かつて、「ゆりかごから墓場まで（→p30）」といわれたように、福祉が充実した国として知られるイギリスでは、車いすの人がすわったまま車内に乗りこめる「ブラックキャブ」とよばれる黒色ワゴンタイプのタクシーが導入されています。

1990年に制定された「障害をもつアメリカ人法（ADA→p30）」があるアメリカでは、この法律により、障害のある人が容易に社会参加できるように企業にその対応策を義務づけています。このため、バスや電車など公共交通のバリアフリーはかなり進んでいます。

> バリアフリーの考え方や施設などは、
> 国や文化のちがいによって、
> 日本のバリアフリーの状況と異なることも
> 多いんだよ。とくに、障害者のために
> 特別なことをするのか、そうではなく、
> アメリカの広いトイレのように、共用にするのか
> のちがいが見られるよ。

もっとくわしく
障害者用トイレ

日本では、障害者用トイレは、障害者専用として設置されることが多いが、アメリカでは多くの場合、通常のトイレよりも広い個室トイレを設置し、だれでもつかえるようにしてある。これは、「利用しやすいこと（Accessibility）」が重要視され、障害者を特別あつかいしないことを意味している。

絵本で車いす体験

ここでは、14〜15ページと同様に、
1冊の絵本を見ながら
みなさんにも身近なまちのバリアフリー
について考えてもらいたいと思います。

この絵本は、ぼくがずいぶん前に
つくったもの。そのころと比べると、
日本のまちのバリアフリーはすごく
進歩したよ。でも、まだまだかも？
絵本にある視点で、
みんなのまちのようすを
見てみよう。

絵本『スーパーくるまいす』

❶ ヒロシ、コウジ、ユウコ、ナオミは小学四年生。
おなじクラスのなかよしです。一学期もおわりにちかづいた日のほうかご。
「そういえば、一学期のさいごに、くるまいすたいけんをするんだよね」
ヒロシがいうと、コウジはあることを思いだしました。
「たいへんだよ、くるまいすって。このまえ、駅員さんたちが
くるまいすにのったひとをかいだんの上まで
はこんでいるのを見たけれど、おとな四人がかりで、
やっとのことではこびあげていたんだ。
ぼくたちにできるのかな？」
「コウちゃん、ちがうよ。くるまいすたいけん
というのは、ぼくたちがくるまいすにのって、
くるまいすをつかうひとの気もちをりかい
することだよ」「なんだ、そっか。くるま
いすにのるだけなら、おもしろそうだね」

❷ その日は、すぐにやってきました。
四人ひと組になって、一台のくるまいすをつかいます。
かわりばんこに、ひとりがくるまいすにのって、
もうひとりがおします。のこりのふたりは、そのようすをかんさつしたり、
メモをとったりするやくめです。
校庭でしばらくれんしゅうをしたあと、校門から外に出ました。
すると、歩道にとめてあるじてんしゃが、
くるまいすのひとにとっては
どうしようもないものだと、
すぐに気がつきます。

❸ 「なんだか、左によっていってしまうよ」と、
くるまいすをおすコウジが声をあげました。
くるまいすにのっている
ヒロシがいいました。
「見ただけでは気がつかない
けれど、きっとこの歩道は、
左がわがひくくなっているんだね」
ユウコがメモをしました。
四人は、車道と歩道のだんさが
あるところにやってきました。
「ぼくひとりじゃ、動かないよー」とコウジ。
コウジがもち手をおしさげ、ユウコとナオミが、
くるまいすの前輪をもちあげて、やっと前へ
すすみました。ナオミがかなしそうな顔をして、
「てつだってくれるひとがいなかったら、くるま
いすの子はどうなるのかしら」と。

❹ 公園の入り口にやってきました。
くるまいすにのっているのは、ユウコです。
「えっ、なによ、これ？」
くるまいすをおしているナオミもいいました。
「じてんしゃが入らないようにするためのものね……」
コウジがさくにのぼってあそびだします。
「入っちゃいけないところに入るじてんしゃがあるから、
こういうものをつくらなきゃならないんだ」
「そういうひとのせいで、くるまいすの子が公園から
しめだされるのね」と、ナオミはまたかなしそうです。
（あれ、また「子」って、いってる）ユウコはふしぎに思いました。
ヒロシが「ちょっとまってて」といって、
トイレのほうへかけだしました。
でも、すぐもどって
きました。
「やっぱりそうだ。
もともとこの公園は、
くるまいすのひとがくることを
考えていないんだ。
くるまいす用のトイレがないよ！」

❺ 公園を出ると、こんどはコウジがくるまいすにのり、ヒロシがおすばんです。
「ヒロシ、しゅっぱ〜つ！」すぐに、でんしんばしらが見えてきます。
「じゃまだ！　どけて」「コウちゃん、どうやってどけるんだよー」
とヒロシがいうと、コウジはさっきのおかえしとばかりに、
「ユウコ、どけてって、メモしておいてね」と、ユウコにいいました。
ここで、のりてはコウジからナオミにこうたい。
「もっとのりたかったな……」と、コウジ。
ナオミは、のったとたんに、（いつも見ているけしきとちがうわ）
と感じました。

❻ 四人は、一時間ほどで学校にもどりました。
ほかのグループも、つぎつぎにもどってきました。
くるまいすたいけんで感じたことをグループごとにまとめるのです。
いつもはおとなしいナオミがさいしょに感想をいいました。
「くるまいすにのっていると、目線がひくくなって、まちのようすが
ちがってみえるの。それに、自動はんばいきでジュースを買うときや、
こうしゅう電話をつかうときなど、ふべんなことがいっぱい」
それを聞いたコウジが、「いい、それいい！　メモしてきたことに
それをくわえて書けば、もうじゅうぶんだよ」
ほかの三人は、コウジのちょうしのよさにあきれましたが、
くるまいすたいけんは、おしまい！

26ページまで
つづく。

❼ ユウコとナオミは、帰る方向がおなじです。
「ナオミちゃん、どうしたの？　くるまいすたいけんでつかれたの？」
ユウコが聞くと、ナオミはいいました。
「じつはね。わたしのいとこ、うまれつきの病気で、
小さいときから歩けないのよ。まえにいちどだけ、その子の
くるまいすをおしたことがあったの。大通りの歩道橋がわたれなくて、
遠まわりしたんだ。それを思いだしたの」
「その子は太郎くんっていって、年はひとつ下で、
スーパーマンが大すきなのよ。でも、その理由がね……」
「じつはね、スーパーマンの役をしていたアメリカの
クリストファー・リーブっていうひとは、じこで
大けがをして、くるまいすせいかつになったのよ。
しばらくして、しごとにふっきして、はいゆうから
えいがかんとくになったんだって。太郎くんは、その話に
かんどうしたみたいだと、おじさんがおしえてくれたの」

❽ 「それで太郎くんは、くるまいすを、
『そらとぶスーパーくるまいす』っていって、
大きくなったら、自分でくるまいすを動かして、
どこにでもいくんだって、いっているの」
「そうか、くるまいすは太郎くんにとって、
ただののりものじゃないんだね」とユウコ。
「わたしたちがきょうやったくるまいすたいけんでは、
くるまいすをつかわなければならないひとの
ほんとうの気もちなんか、わからないのね……」
ユウコは、考えながら帰っていきました。

❾ 一学期の終業式。校長先生が話しています。
「じつは、二学期からくるまいすの男の子が、転校してきます。
その子とご両親は、一学期から転入を希望していたのですが、
うちの学校にはくるまいす用のトイレもないし、
くるまいすではふべんなところがいろいろあります。
そこで、夏休みに工事をすることにしました。
みんなにもその子の気もちをわかってもらいたくて、
四年生には、くるまいすたいけんをしてもらいました。
四年生だけでなく、学校じゅうで、あたらしいお友だちを
気もちよくむかえられるように、夏休みのあいだに
くるまいすについてしらべてみてください」
帰り道、ヒロシがぽつりといいました。
「だいじょうぶかな？」
「きっとだいじょうぶよ」とユウコ。
「わたしが、だいじょうぶにする！」ナオミも力づよくいいました。

出典：『香山リカ監修・こころの教育４大テーマ②スーパーくるまいす』（ベースボール・マガジン社）

7 心のバリアフリー

「心のバリアフリー」とは、「様々な心身の特性や考え方を持つすべての人々が、相互に理解を深めようとコミュニケーションをとり、支え合うこと」です（「ユニバーサルデザイン2020行動計画」より）。

バリアフリーは心が大切

22ページで「高齢者、障害者、外国人など、すべての人が必要な情報を得られる状態にないこと」を「情報にかかわるバリア」とよび、また「周囲からの心ない言葉、偏見や差別、無関心などにより、障害のある人を受けいれない状態」を「意識にかかわるバリア」とよぶと記しました。

これらふたつに関連して、「心のバリアフリー」という言葉があります。これは、伝え方がうまくなかったり、ふじゅうぶんだったりして、障害者などが必要な情報をきちんと得られないといった障壁（バリア）を解消しようというもの。また、周囲からの心ない言葉、差別、無関心などといった、障害者を受けいれないようなバリアをなくすのも、心のバリアフリーです。

政府では、心のバリアフリーとは、「様々な心身の特性や考え方を持つすべての人々が、相互に理解を深めようとコミュニケーションをとり、支え合うこと」と説明しています。

ユニバーサルデザイン2020行動計画

政府が、心のバリアフリーの実現のために2017年に発表したのが、「ユニバーサルデザイン2020行動計画」。政府は、国民の一人ひとりに、具体的な行動を起こして継続してほしいと、行動計画を発表しました。その行動計画には、「心のバリアフリー」を実現するためのポイントが、3点示されました。

①障害のある人への社会的障壁を取りのぞくのは社会の責務であるという「障害の社会モデル」を理解すること。

②障害のある人とその家族への差別をしないよう徹底すること。

③自分とは異なる条件の人とのコミュニケーションをとる力を養い、すべての人がかかえる困難や痛みを想像し共感する力をつけること。

①②③は、なんだかむずかしそう！でも、「自分とは異なる条件の人とのコミュニケーションをとる力」の例は、「耳の聞こえない人と手話をつかってコミュニケーションする」ということだよ。

わたしたちが考えなければならないこと

この本の最後では、20ページで見たような障害者の人権侵害を再確認して、みなさんができることについて考えてみましょう。障害者の人権侵害をなくすための基本は、22ページに記した「バリアフリー」です。

障害者の人権問題の例

障害者が職場において差別を受けたり、店舗でのサービスなどで拒否されたりすることなどが、よくあるといいます。そういったことは、障害者にとってはとてもつらいこと。人権問題なのです。

でも、こうした人権問題を解消するには、「様々な心身の特性や考え方を持つすべての人々が、相互に理解を深めようとコミュニケーションをとり、支え合うこと」が重要だといわれています。これは、27ページで紹介した「ユニバーサルデザイン2020行動計画」のなかの一文！「心のバリアフリー」の定義です。

ということは、「心のバリアフリー」を実践していくことが、障害者の人権問題をなくすことになるのです。

なにをしたら良いかわからないときは、こまっていることや、自分にできることがないか聞いてみることが大切。

は、わたしたちにもできること。バリアフリーの実現に一役買うことができるのです。

とくに「心のバリアフリー」は、みなさんもどんどん実行していかなければなりません。

もういちど確認してみよう

4つのバリア（→p22）のうち、「移動にかかわるバリア」と「制度にかかわるバリア」については、国や自治体がおこなうことですが、「情報にかかわるバリア」と「意識にかかわるバリア」

> ぼくたちもしっかりやらないといけないんだから、国も、やるべきバリアフリーに取りくんでほしい！とくに「制度にかかわるバリアフリー」などは、国がすべきことだからね。

車いす使用者が多数派、二足歩行者が少数派という逆転した世界を体験できるプログラム「バリアフルレストラン」。レストラン内は車いす使用者に合わせてつくられており、天井が低く、いすもない。参加者は「二足歩行者」という障害者として対応される。このプログラムを通じて、参加者は、障害は社会がつくりだしていることを知るとともに、合理的配慮の大切さについても学ぶことができるという。画像提供：（公財）日本ケアフィット共育機構

「合理的配慮」って、聞いたことある？

政府は「合理的配慮」について、「障害のある人から、社会の中にあるバリアを取り除くために何らかの対応を必要としているとの意思が伝えられたときに、負担が重すぎない範囲で対応することが求められるもの」（内閣府『「合理的配慮」を知っていますか？』）と説明しています。

この説明文ではむずかしく感じますが、たとえば、次のようなことが合理的配慮にあたるといわれています。

• バスや電車に車いすの人が乗る際に手助けをしたり、移動式のスロープを準備したりする。
• 高い場所にあるものを取ってわたす。
• 視覚障害者（→p11）に、声を出してていねいに商品を説明したり、レシートなどを読みあげたりする。
• 聴覚障害者（→p11）には、筆談や手話などでコミュニケーションする。

じつは、こうした合理的配慮は学校でもおこなわれています。たとえば、障害種別にあわせた教材がつかわれたり、合理的配慮で子どもたちの座席を決めたりしています。

みんなも知っておきたい合理的配慮

左上のリーフレットは、政府が学校での合理的配慮について、児童・生徒や教職員などの理解がまだまだじゅうぶんではないとしてつくったものです。表紙に大きく書かれた「合理的配慮」という漢字に読み仮名がふってあることから、子どもに向けたものだとわかります。

そう！　バリアフリーを実現したり、障害者の人権侵害をなくしたりするためには、合理的配慮を理解することがポイントになっているんだよ。このリーフレットは、インターネットで見たり、印刷したりできるので、読んでみてね。そうすることが、そのまま、わたしたちが考えなければならないことになると思うんだ。

用語解説

●障害者基本法 ······························ 10, 21

1993年に成立。国や地方自治体が、障害者に対して、医療、介護、教育、職業支援、雇用促進、住宅確保、公共施設のバリアフリーなどの面で、施策を講じる必要があると定めたもの。また、障害者施策を総合的かつ計画的に推進するために、国に障害者のための施策に関する障害者基本計画の策定を義務づけた。この法律ができたのち、2012年には障害者虐待防止法が、また、2013年には障害者総合支援法が施行された。

●チック症 ································· 11

チック症には、「運動チック」と「音声チック」がある。

・運動チック：強くまばたきをする、顔をしかめる、じだんだをふむ、飛びあがるなど。

・音声チック：せきばらい、鼻や舌をならすなど。

これらのチックは自分の意思とは関係なくあらわれる。なお、多種類の運動チックと1種類以上の音声チックが1年以上続く場合は「トゥレット症」とよばれる。

●吃音 ···································· 11

話すときに最初の一音でつまってしまうなど、なめらかに話すことができない状態のことをいう。音をくりかえしたり、音がのびたりといった、さまざまな症状がある。

●性自認 ·································· 19

自分自身の性別を、自分でどのように認識しているかということ。「心の性」といわれることもある。

●性的指向 ······························ 19

人の恋愛・性愛がどういう対象に向かうのかを示す概念。具体的には、恋愛・性愛の対象が異性に向かう異性愛（ヘテロセクシュアル）、同性に向かう同性愛（ホモセクシュアル）、男女両方に向かう両性愛（バイセクシュアル）などをさす。

●パワハラ ······························ 20

パワーハラスメントの略。「ハラスメント」は、いやがらせを意味する言葉。職場などで、優位な立場をもとに、業務の適正な範囲をこえて苦痛をあたえることをいう。職場のパワハラは、大きく次の6つにわけられる。①身体的な攻撃（暴行など）②精神的な攻撃（脅迫、侮辱、ひどい暴言など）③人間関係からの切りはなし（仲間外し、無視など）④過大な要求（業務上あきらかに不要なことや遂行不可能なことの強制、仕事の妨害）⑤過小な要求（能力や経験とかけはなれた程度の低い仕事を命

じること、仕事をあたえないこと）⑥個の侵害（私的なことに過度に立ちいること）

●モラハラ ······························ 20

モラルハラスメントの略。「モラル」は、道徳的な、倫理上の、精神的な、などを意味する。言葉や態度、文書などによって人の心を傷つける、精神的な暴力や虐待のことをいい、家庭や職場、学校などあらゆる人間関係において起こりうるとされる。身体的な暴力のようにけがなどの被害が見えないため、第三者から気づかれにくい。

●障害者対策に関する新長期計画〜全員参加の社会づくりをめざして〜 ······························ 21

1982年に策定された障害者施策に関するはじめての長期計画「障害者対策に関する長期計画」の、後継計画。1993年度からおよそ10年間を計画期間として、障害者施策の基本的な方向を示した。

●障害を理由とする差別の解消の推進に関する法律 ·········· 21

障害者基本法の基本理念にそって、障害を理由とする差別を解消するための措置などについて定めた法律。2013年6月に制定、2016年4月に施行された。障害のある人に対する不当な差別的取りあつかいを禁止し、行政機関や事業者に対して、合理的配慮（→p29）の提供を求めている。2021年の法改正（2024年施行）により、事業者（商業その他の事業をおこなう企業や団体、店舗）による、障害のある人への合理的配慮の提供が義務化された。

●ゆりかごから墓場まで ······················ 23

ゆきとどいた社会保障をあらわす標語。生まれてから死亡するまでの、あらゆる事故や出費に対して生活保障をすること。1941年に経済学者によって提唱され、イギリスの社会保障制度のスローガンになった。

●障害をもつアメリカ人法（ADA）····················· 23

ADAは、Americans with Disabilities Act の頭文字をとった略称。障害者差別を禁止するアメリカの法律で、1990年に制定された。心身に病気や障害をもつ人びとの社会に参加する権利を保障。公共交通機関や公共施設、通信といったサービス、雇用に関する差別禁止条項が定められた。

さくいん

■著

稲葉　茂勝（いなば　しげかつ）

1953年、東京都生まれ。東京外国語大学卒。編集者としてこれまでに1500冊以上の著作物を担当。自著も100冊を超えた。近年子どもジャーナリスト（Journalist for Children）として活動。2019年にNPO法人子ども大学くにたちを設立し、同理事長に就任して以来「SDGs子ども大学運動」を展開している。

■協力

渡邉　優（わたなべ　まさる）

1956年、東京都生まれ。東京大学法学部卒業後、外務省に入省、在ジュネーブ政府代表部公使、在キューバ大使などを歴任。2023年度から成蹊大学客員教授。国連英検指導検討委員、日本国際問題研究所客員研究員なども務める。

■絵本

文：**高橋　秀雄**（たかはし　ひでお）

文：**田中　ひろし**（たなか　ひろし）

絵：**荒賀　賢二**（あらが　けんじ）

■編

こどもくらぶ（見学さやか、中西夏羽）

あそび・教育・福祉の分野で子どもに関する書籍を企画・編集している。図書館用書籍として年間100タイトル以上を企画・編集している。主な作品は、「未来をつくる！ あたらしい平和学習」全5巻、「政治のしくみがよくわかる 国会のしごと大研究」全5巻、「海のゆたかさをまもろう！」全4巻、「『多様性』ってどんなこと？」全4巻（いずれも岩崎書店）など多数。

■デザイン・制作

（株）今人舎（矢野瑛子・佐藤道弘）

■校正

（株）鷗来堂

■写真提供

p21：元気ショップ いこ〜る
p22：認定NPO法人 DPI日本会議

■写真協力

表紙, p17：© Mrreporter | Dreamstime.com
　　フィンセント・ファン・ゴッホ作「灰色のフェルト帽の自画像」
p6：写真：青木紘二/アフロスポーツ
p11：Yoshi.photography / PIXTA（ピクスタ）
p12：© Rkaphotography | Dreamstime.com
p13：desidesidesi / PIXTA（ピクスタ）
p18：TKM / PIXTA（ピクスタ）
p19：© Irinayeryomina | Dreamstime.com
p20：阿部モノ / PIXTA（ピクスタ）
p23：写真提供 ユニフォトプレス
p28：izolabo / PIXTA（ピクスタ）

この本の情報は、2023年10月までに調べたものです。今後変更になる可能性がありますので、ご了承ください。

気づくことで 未来がかわる 新しい人権学習 ③考えよう！ 障がい者の人権　マリア先生は宇宙人？　NDC367

2024年2月29日　第1刷発行

著　　稲葉茂勝
編　　こどもくらぶ
発行者　小松崎敬子
発行所　株式会社 岩崎書店　〒112-0005　東京都文京区水道1-9-2
　　　　　　　　　　　　　　電話　03-3813-5526（編集）　03-3812-9131（営業）
　　　　　　　　　　　　　　振替　00170-5-96822
印刷所　広研印刷株式会社　製本所　大村製本株式会社

32p 29cm×22cm
ISBN978-4-265-09152-2

気づくことで 未来がかわる
新しい人権学習

全 **6** 巻
著／稲葉茂勝